SZERETEK OSZTOZNI
I LOVE TO SHARE

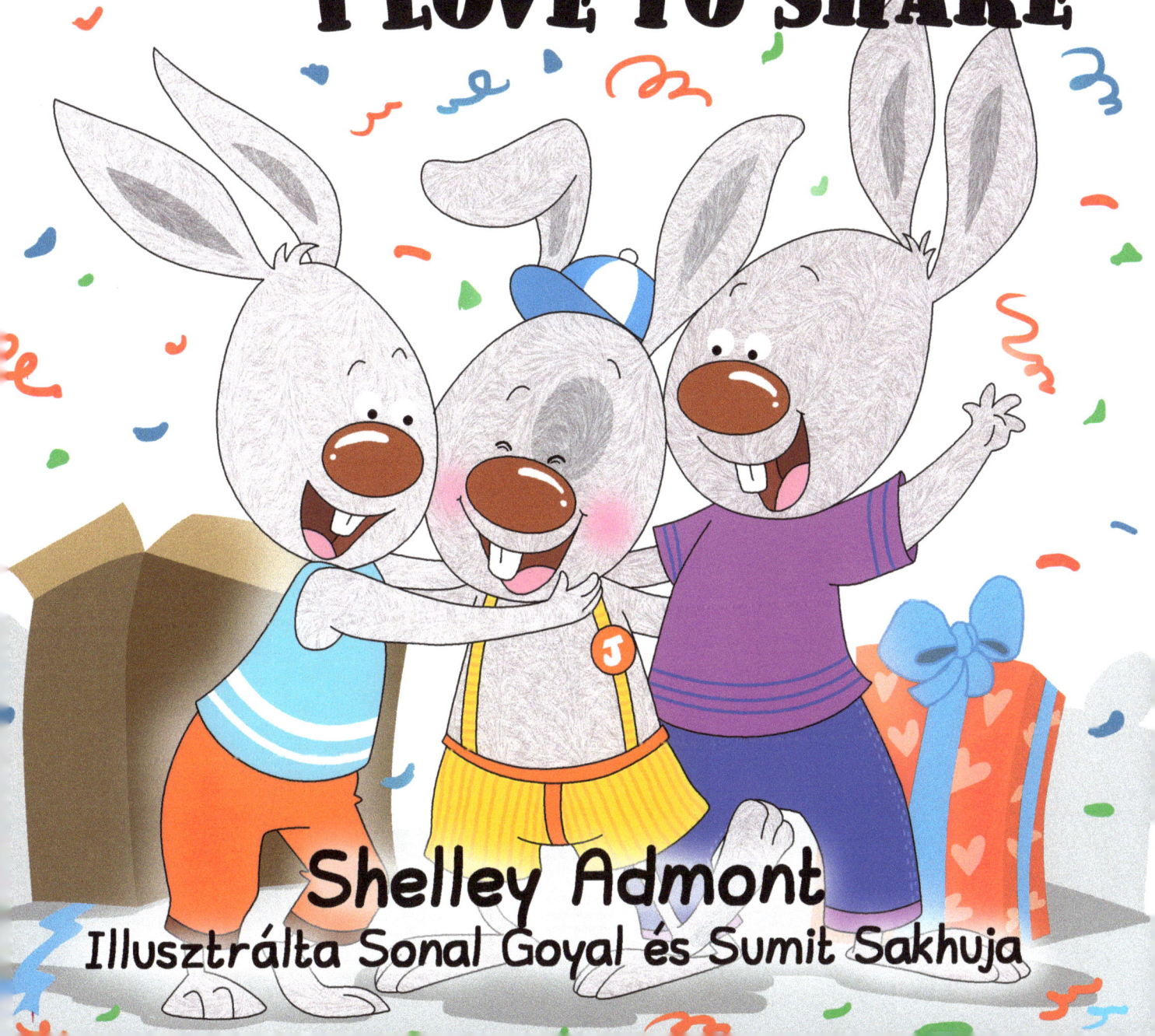

Shelley Admont

Illusztrálta Sonal Goyal és Sumit Sakhuja

www.sachildrensbooks.com

Copyright©2015 by S. A. Publishing ©2017 by KidKiddos Books Ltd.

innans@gmail.com

First edition, 2017

Translated from English by Réka Cseh
Angolról fordította Réka Cseh

I Love to Share (Hungarian English Bilingual Edition)/ Shelley Admont
ISBN: 978-1-5259-0260-4 paperback
ISBN: 978-1-5259-0261-1 hardcover
ISBN: 978-1-5259-0259-8 eBook

Please note that the Hungarian and English versions of the story have been written to be as close as possible. However, in some cases they differ in order to accommodate nuances and fluidity of each language.

Azoknak, akiket a legjobban szeretek-S.A.

For those I love the most-S. A.

- *Nézzétek, mennyi új játékom van! – szólt Jimmy, a kisnyúl, körbenézve a szobában.*

"Look at how many new toys I have," said Jimmy the little bunny, looking around the room.

Most lett vége a szülinapi bulijának és a szoba telis-tele volt ajándékokkal.

His birthday party was over and the room was full of presents.

- *Jaj, annyira jó volt a szülinapi party-d, Jimmy! – ujjongott a középső testvér.*

"Oh, your birthday party was so fun, Jimmy," his middle brother said.

- *Játsszunk! – javasolta a legidősebb testvér. Felkapta a legnagyobb dobozt – Egy óriási vonat van benne!*

"Let's play," said his oldest brother. He took the largest box. "There's a huge train inside!"

Jimmy hirtelen talpra ugrott és megragadta a dobozt.
– Ne nyúlj hozzá! Ez az én vonatom! – kiáltotta. – Az összes ajándék az ENYÉM!

Suddenly, Jimmy jumped to his feet and grabbed the box. "Don't touch it! It's my train!" he cried. "All these presents are **MINE!**"

– De Jimmy – szólalt meg a legidősebb fivér – mi mindig együtt játszunk. Mi ütött ma beléd?

"But, Jimmy," said the oldest brother, "we always play together. What happened to you today?"

– Ma van a szülinapom. És ezek az ÉN játékaim – ordította Jimmy.

"Today is MY birthday. And these are MY toys," Jimmy screamed.

- *Akkor inkább kosarazzunk! – vetette fel a legidősebb testvér. Kipillantott az ablakon. – Szép, napos időnk van ma.*

"We better go play basketball," said the oldest brother. He glanced out the window. "It's nice and sunny today."

A két nyuszitestvér megfogott egy labdát és kisietett. Jimmy egyedül maradt a szobában.

The two bunny brothers took a ball and went outside. Jimmy stayed in the room on his own.

- Ez az! – örvendezett – Most már minden játék az enyém! Azt csinálok, amit csak akarok!

"Yeah!" he exclaimed. "Now all the toys are for me! I can do whatever I want! "

Felvett egy óriási dobozt és boldogan kinyitotta. Új, színes kisvonatot és síneket talált a belsejében. Csak össze kellett illesztenie őket.

He took a large box and opened it happily. Inside he found a rail trail and a new colorful train. He just needed to put the rail trail together.

- Jaj, ezek a darabkák túl kicsik! – állapította meg a síndarabokkal a kezében. – Hogy rakjam össze?

"Oh, these pieces are too small!" he said, holding the rail trail parts. "How should I connect them together?"

Valahogy megépítette a sínpályát, de elég görbére sikeredett. Amikor végre elindította rajta új, színpompás mozdonyát, az megakadt a pályán.

Somehow he built the rail line, but it came out crooked. When he finally turned on his new colorful train, it got stuck on the track.

Jimmy körülnézett és észrevett még egy dobozt.

Jimmy looked around and spotted another box.

- Semmi gond. Vannak még új játékaim – jegyezte meg és felkapott egy másik ajándékdobozt. Szuperhős figurákat rejtett.

"No worries. I have more new toys," he said and took another present. Inside there were superhero toys.

- Wow! – kiáltott fel Jimmy. Elkezdett körbe-körbe szaladgálni a szobában, kezében új szuperhőseivel.

"Wow!" exclaimed Jimmy. He started to run around the room with new superhero toys in his hands.

Hamarosan elfáradt és unatkozni kezdett. Mindent kipróbált. Játszott kedvenc plüssmacijával, kibontotta az ajándékait is, de az egészet egyáltalán nem élvezte.

Soon he became tired and bored. He tried everything. He played with his favorite teddy bear and he even opened all his presents, but it was not fun at all.

Jimmy kibámult az ablakon és a vidáman kosarazó bátyjait figyelte. Ragyogóan sütött a nap, nevettek és jól érezték magukat.

Jimmy watched through the window and saw his brothers playing cheerfully with their basketball. The sun was shining brightly, and they were laughing and enjoying themselves.

- Hogy érezhetik magukat ennyire jól? Csak egy kosárlabdájuk van! – szólt Jimmy. – Az összes többi játék itt van nálam.

"How are they having so much fun? They only have one basketball!" said Jimmy. "All the other toys are here with me."

Aztán furcsa hangra lett figyelmes.

Then he heard a strange voice.

- Ők OSZTOZNAK – mondta.

"They SHARE," it said.

Jimmy végigpásztázta a szobát, majd az ágyára szegezte a tekintetét, ahol a plüssmackója ült. Onnan jött a hang.

Jimmy looked around the room, staring at his bed where his teddy bear sat. The voice came from *there*.

- Osztoznak – ismételte meg a mackó mosolyogva.

"They share," repeated his teddy bear with a smile.

Jimmy elképedve nézett rá. Sosem gondolta volna, hogy osztozni jó is lehet.

Jimmy looked at him amazed. He never thought that sharing could be fun.

Megrázta a fejét.
- Nem...én nem szeretek osztozni. Imádom a játékaim.

Jimmy shook his head. "No...I don't like to share. I love my toys."

- *Próbáld ki – erősködött a maci – csak tegyél egy próbát!*

"Try it," insisted his teddy bear. "Just try it."

Közben megváltozott az idő. Sötét felhők gyülekeztek az égen és hatalmas cseppekben megeredt az eső.

Meanwhile the weather changed. Dark clouds covered the sky and large raindrops started falling to the ground.

A két nyuszitesó nevetve berohant a házba.

Laughing, the two bunny brothers ran into the house.

- Jaj, csuromvizesek vagytok! – kiáltott fel Anyu – Menjetek átöltözni, addig én csinálok nektek forró csokit.

"Oh, you're all wet," said Mom. "Go change your clothes and I'll make you hot chocolate."

- *Gyere, Jimmy, te is kérsz forró csokit? – tudakolta. Jimmy bólintott.*

"Come, Jimmy, do you want hot chocolate too?" she asked. Jimmy nodded.

Anyu kinyitotta a hűtőszekrényt, hogy kivegye a tejet.
- *Nézd csak, maradt egy kis szelet a szülinapi tortádból!*

Mom opened the fridge to grab the milk. "Look, there's a small piece of your birthday cake left."

Jimmy talpra szökkent.
- *Juhú, megehetem? Annyira fincsi volt!*

Jimmy jumped to his feet. "Yeah, can I have it? It was so tasty!"

Abban a pillanatban a bátyjai léptek be a konyhába.
At that moment, his brothers entered the kitchen.

- Tortát mondtál? – kíváncsiskodott a középső.
"Did you say cake?" asked the middle brother.

- Szeretnék egy szelettel – tette hozzá az idősebb.
"I'd like a piece," added the oldest brother.

Aztán az apjuk is megjelent.
- Az ott....szülinapi torta?
Their father followed them. "Is this a...birthday cake?"

Anyu lágyan mosolygott.
- Hát...igazából csak egy aprócska szelet maradt. És öten vagyunk.
Mom smiled softly. "Ahh...there is actually a tiny little piece left. And there are five of us."

Jimmy szerető családjára nézett és a szívét melegség árasztotta el. Tudta, mit kell tennie és ez olyan jó érzés volt!

Jimmy looked at his loving family and felt a warm feeling spread from his heart. He knew what he needed to do and it felt so good.

- Osztozhatunk rajta – jelentette ki – vágjuk ötfelé!

"We can share," he said. "Let's cut it into five pieces."

A nyuszicsalád többi tagja bólintott. Leültek az asztal köré és mindenki élvezettel elfogyasztotta a tortaszeletkéjét és forró csokiját.

All the members of the bunny family nodded their heads. Then they sat around the table and everyone enjoyed a piece of birthday cake and a hot chocolate.

Jimmy végigfuttatta tekintetét a mosolygó arcokon és arra gondolt, hogy mégiscsak jól tud esni, ha megosztunk valamit.

Jimmy glanced at their smiling faces and thought, *Sharing can actually feel very nice after all.*

Amikor befejezték, Anyu odalépett Jimmy-hez és szorosan átölelte.
- Boldog szülinapot, kicsim! – mondta.

When they finished, Mom came to Jimmy and gave him a huge hug. "Happy birthday, honey," she said.

A két idősebb testvér és az apukájuk is odagyűlt köréjük, majd nagy, családi ölelésben fonódtak össze.

The two older brothers and their dad gathered around them and shared the family hug.

- Boldog születésnapot, Jimmy! – kiáltották kórusban.

"Happy birthday, Jimmy," they screamed together.

Jimmy mosolygott.
- Van kedvetek játszani a játékaimmal? – kérdezte a bátyjait. – Új vonatot és szuperhősöket kaptam.

Jimmy smiled. "Do you want to play with my toys?" he asked his brothers. "I have a new train and new superheroes."

- *Naná! Játsszunk! – harsogták a nyuszitestvérek.*

"Yeah! Let's play!" shouted the bunny brothers.

Jimmy és testvérei együtt tökéletes sínpályát építettek. A mozdony fütyülve száguldott végig rajta.

Together Jimmy and his brothers built a perfect rail trail. The train whistled and ran fast around the track.

Kibontották az ajándékokat és az összes játékukkal játszottak.

Then they opened the presents and played with all their toys.

Ettől kezdve Jimmy már szeretett osztozni. Sőt, még azt is kijelentette, hogy osztozni vidám dolog.

From then on, Jimmy loved to share. He even said that sharing is fun!

www.ingramcontent.com/pod-product-compliance
Lightning Source LLC
Chambersburg PA
CBHW040252100426
42811CB00011B/1231